Novena de Nossa Senhora das *Candeias*

EDELVAN JOSÉ DOS SANTOS

Novena de Nossa Senhora das Candeias

EDITORA
SANTUÁRIO

DIREÇÃO EDITORIAL:	Pe. Fábio Evaristo R. Silva, C.Ss.R. Pe. José Luís Queimado, C.Ss.R.
COORDENAÇÃO EDITORIAL:	Ana Lúcia de Castro Leite
COPIDESQUE:	Luana Galvão
REVISÃO:	Sofia Machado
DIAGRAMAÇÃO E CAPA:	Mauricio Pereira

Textos bíblicos extraídos da *Bíblia de Aparecida*,
Editora Santuário, 2006.

ISBN 978-65-5527-534-6

1ª impressão

Rua Pe. Claro Monteiro, 342 – 12570-045 – Aparecida-SP
Tel.: 12 3104-2000 – Televendas: 0800 - 0 16 00 04
www.editorasantuario.com.br
vendas@editorasantuario.com.br

Nossa Senhora das Candeias

A devoção a Nossa Senhora das Candeias, também conhecida como Nossa Senhora da Luz, da Purificação ou da Candelária, está relacionada com a purificação da Virgem Maria e com a apresentação do Menino Jesus no Templo, quarenta dias após seu nascimento.

Segundo o costume daquela época, as parturientes eram tidas como impuras, por isso precisavam apresentar-se ao Templo, quarenta dias após o parto, oferecendo um sacrifício para alcançar sua purificação. Desse modo, a Virgem Maria, em sua humildade e obediência à Lei, foi ao templo de Jerusalém, acompanhada de São José e do Menino Jesus, para cumprir esse preceito e encontrou o profeta Simeão e a profetisa Ana. Logo, originou-se a Festa da Apresentação do Senhor no Templo e, ao mesmo tempo, a celebração da Purificação de Maria Santíssima.

Relatos antigos narram um evento extraordinário que deu origem a uma das manifestações mais belas dessa devoção: a aparição de Nossa Senhora nas Ilhas Canárias, na Espanha. Na região de Tenerife, dois pastores, que guiavam seus rebanhos, próximos a uma gruta perceberam que os animais, com comportamento incomum, recusavam-se a entrar no local. Curiosos, aproximaram-se e encontraram uma imagem de uma Senhora segurando uma criança nos braços.

De imediato, a notícia se espalhou pela região, e os moradores dirigiram-se à gruta ansiosos por confirmar o relato. Ao chegarem, presenciaram algo ainda mais impressionante: numerosas candeias, sustentadas por mãos invisíveis, iluminavam a imagem, enquanto cânticos celestiais ecoavam em louvor a Deus e à Virgem Maria. Por esse motivo, Maria recebeu o título de Nossa Senhora da Candelária, em alusão às velas que banhavam a imagem com sua luz. Da mesma forma, o título das Candeias surgiu como uma referência simbólica ao fogo da vela, que representa Cristo, a luz enviada ao mundo.

A devoção popular a Nossa Senhora das Candeias provém do início do Cristianismo. Naquela época, a festividade em sua honra era celebrada com uma procissão, na qual os fiéis refaziam simbolicamente o caminho de Maria ao Templo com velas acesas. Essa tradição, que ficou conhecida como a procissão dos luzeiros, nasceu de antigos costumes romanos e foi incorporada à espiritualidade cristã.

Por volta do ano 492, o papa Gelásio I oficializou a celebração com um solene cortejo noturno em homenagem à Mãe de Deus, convidando os cristãos a acompanharem o trajeto, com círios acesos, enquanto entoavam cânticos de louvor a Nossa Senhora. Esse costume se espalhou por toda a Igreja, e, em 542, o imperador Justiniano I levou a prática ao Império do Oriente como agradecimento pelo fim de uma peste. A partir do século X, as procissões com velas tornaram-se elementos centrais das celebrações religiosas em várias regiões, destacando a fé na Virgem Maria e em seu Filho Jesus Cristo.

Esses eventos e essas tradições revelam uma profunda verdade teológica: Jesus é a luz que ilumina todas as nações, e Maria, como portadora dessa luz, é a Senhora que nos guia até Ele. Sob os títulos de Nossa Senhora das Candeias ou da Luz, ela nos apresenta Cristo como o clarão que dissipa as trevas do mundo. Sua missão materna inspira todos os cristãos a acolherem essa luz em sua vida e a propagarem as maravilhas realizadas por Deus por intermédio dela. Assim como Jesus foi e sempre será a luz para todos, seus discípulos são chamados a irradiar essa mesma luz na vida dos irmãos, sendo reflexos do amor divino no mundo.

Nossa Senhora das Candeias é a estrela que nunca se apaga, a Mãe que nos aponta o caminho e a portadora da chama que aquece o coração e renova a esperança. Sob sua proteção, somos convidados a viver como filhos da luz, transformando nossa vida e a dos que nos cercam.

A festa litúrgica de Nossa Senhora das Candeias é celebrada no dia 2 de fevereiro, data em que a Igreja recorda a Apresentação do Menino Jesus no templo. Senhora das Candeias, conduza-nos à luz de Cristo!

Como fazer a Novena

(Roteiro para todos os dias)

1. Oração inicial

– Em nome do Pai, do Filho e do Espírito Santo.

– Amém!

– A nossa proteção está no nome do Senhor,

– que fez o céu e a terra!

– Ouvi, Senhor, minha oração

– e chegue até vós o meu clamor!

– Vinde, Espírito Santo, enchei os corações de vossos fiéis e acendei neles o fogo do vosso amor. Enviai o vosso Espírito, e tudo será criado e renovareis a face da terra!

Oremos: Ó Deus, que instruístes os corações dos vossos fiéis com a luz do Espírito Santo, fazei que apreciemos retamente todas as coisas, segundo o mesmo Espírito, e gozemos sempre da sua consolação. Por Cristo, Senhor nosso.

– Amém!

Oferecimento da Novena

Ó doce e amável Virgem Maria, Nossa Senhora das Candeias, que trouxeste ao mundo a verdadeira luz, Jesus Cristo, meu Salvador, eu te invoco como Mãe cheia de amor e intercessora poderosa.

Ilumina com a luz de tua candeia minha família, para que seja um lar de paz, união e fidelidade ao plano de Deus. Concede saúde a meu corpo e minha alma, fortalecendo-me diante das enfermidades e tribulações.

Ajuda-me, Mãe piedosa, a perseverar na fé, mesmo nas noites mais escuras da vida, e guia meus passos nas decisões difíceis, para que eu siga sempre os caminhos do Evangelho.

Intercede pelos pobres e marginalizados, para que encontrem dignidade, consolo e justiça. Protege os sacerdotes, chamados a ser luz no mundo, fortalecendo-os em sua missão e enchendo-os de zelo pela salvação das almas.

Durante esta novena, apresento, com fé e esperança, as intenções de meu coração. Confio em tua poderosa intercessão, ó Senhora da Luz, que leva minhas preces ao coração de Jesus (faça seu pedido com fé e esperança). Por teu intermédio, creio que Deus Pai, em sua infinita bondade, concederá aquilo que for para meu bem e para minha salvação.

Com confiança, peço-te que intercedas por mim junto a teu Divino Filho Jesus, para que eu receba as graças de que tanto necessito, seja para a glória de Deus e para o bem de minha alma. Assim seja. Amém!

2. Palavra de Deus (própria de cada dia)

3. Reflexão (própria de cada dia)

4. Oração final

Nossa Senhora das Candeias, Mãe da Luz, com o coração cheio de gratidão, eu te louvo e te bendigo por tua presença amorosa em nossa vida.

Obrigado, Mãe compassiva, por ouvir minhas preces e me conduzir com tua luz, mesmo nos momentos de maior escuridão. Por tua intercessão, recebo força, consolo e esperança para enfrentar as dificuldades e perseverar no caminho da fé.

Quero te agradecer, querida Mãe, as graças que derramou sobre minha família, a saúde com que me fortaleceste, as decisões que aclaraste em minha mente e o amor de teu Filho Jesus, que enche meu coração de paz.

Permanece a meu lado, ó Virgem Mãe da Luz, amparando-me em minhas lutas, guiando-me com tua candeia e ajudando-me a viver em plenitude para a glória de Deus (rezar 1 Pai-Nosso, 3 Ave-Marias e 1 Glória ao Pai).

Com confiança e amor, consagro minha vida a teu cuidado maternal, certo de que nunca me abandonarás. Assim seja. Amém!

1º Dia

Nossa Senhora das Candeias, ilumina nossa família

1. Oração inicial (p. 19)

2. Palavra de Deus (Lc 2,21-24)

Passados oito dias, quando o menino devia ser circuncidado, deram-lhe o nome de Jesus, conforme fora indicado pelo anjo, antes de ser concebido no seio materno. E, quando se completaram os dias para eles se purificarem, segundo a lei de Moisés, levaram-no a Jerusalém, para apresentá-lo ao Senhor, conforme o que está escrito na lei do Senhor: "Todo primogênito do sexo masculino seja consagrado ao Senhor"; e para oferecer em sacrifício, como se prescreve na lei do Senhor, um par de rolas ou dois pombinhos.

– Palavra da Salvação.

3. Reflexão

A família é o primeiro e mais importante santuário que Deus nos confiou, lugar de amor, de crescimento e de santificação. Porém sabemos que esse dom precioso tem sido frequentemente ameaçado pelos desafios que o mundo moderno impõe: o divórcio, os vícios, a indiferença e a falta de diálogo, que têm destruído lares e causado sofrimentos profundos.

Em muitos lares, reina o silêncio da indiferença e o diálogo foi substituído por ressentimentos e mágoas acumuladas. Em outros, as drogas e outros vícios entraram como um ladrão, roubando a paz, os sonhos e a harmonia. Também há famílias despedaçadas pela dor da separação. Os cônjuges, desgastados pelas dificuldades, muitas vezes, perdem de vista o amor que um dia os uniu. Em todas essas situações, percebemos a necessidade urgente de uma luz que guie, aqueça e restaure a esperança.

Maria, Virgem das Candeias, és essa luz que nunca se apaga! Assim como tua candeia ilumina os caminhos mais escuros, pedimos que tragas clareza e amor às famílias que enfrentam crises e dificuldades. Que a chama da paciência e do perdão reacenda nesses corações, permitindo que as feridas sejam curadas e os laços sejam restaurados. Assim como a Sagrada Família de Nazaré enfrentou as adversidades com fé e união, que nossa família também encontre em Deus a força para superar as provações.

Nossa Senhora das Candeias, ajuda-nos a reconhecer que o amor é o tesouro que fortalece a unidade familiar e que, com Cristo no centro de nosso lar, nenhum obstáculo será insuperável. Que as famílias divididas pelo divórcio encontrem paz e respeito mútuo; que as famílias feridas pelos vícios tenham coragem de buscar ajuda e de confiar na libertação, que vem de Deus; e que todas as famílias, mesmo em meio às sombras, descubram na luz de Cristo o caminho de reconciliação, alegria e esperança.

Virgem Santíssima, ilumina nosso lar para que seja reflexo do amor divino, capaz de levar luz aos que nos cercam. Que cada lar seja uma pequena chama no mundo, irradiando o amor, a paz e a união, que vêm de Deus. Amém.

Nossa Senhora das Candeias, Mãe da Luz, roga por nós!

4. Oração final (p. 11)

2º Dia

Nossa Senhora das Candeias, ilumina nossa saúde física e espiritual

1. Oração inicial (p. 9)

2. Palavra de Deus (Lc 2,25-32)

Havia em Jerusalém um homem chamado Simeão. Era justo e piedoso; esperava a consolação de Israel e o Espírito Santo estava nele. Fora-lhe revelado pelo Espírito Santo que não morreria antes de ver o Messias do Senhor. Movido pelo Espírito, dirigiu-se ao templo e, quando os pais levaram o menino Jesus para cumprirem as prescrições da lei a seu respeito, ele o tomou nos braços e louvou a Deus, dizendo: "Agora, Senhor, podeis deixar ir em paz vosso servo, conforme vossa palavra, porque meus olhos viram vossa salvação, que preparastes diante de todos os povos, luz para iluminar as nações e glória de Israel, vosso povo".

– Palavra da Salvação.

3. Reflexão

Neste dia de novena, suplicamos a Nossa Senhora das Candeias sua intercessão por nossa saúde, tanto física quanto espiritual. Vivemos tempos em que muitas pessoas enfrentam grandes sofrimentos no corpo e na alma, carregando o peso de doenças graves, como o câncer, e da dor silenciosa da depressão.

Quantos corações encontram-se abatidos por diagnósticos difíceis e pela luta diária contra doenças que minam a força física! Quantas almas se sentem presas na escuridão da tristeza, da ansiedade e do desespero! É nesses momentos que a luz da intercessão mariana se torna ainda mais necessária, pois o sofrimento, quando vivido sem esperança, pode roubar a paz e a alegria de viver.

Nossa Senhora das Candeias, tu que és Mãe e compreendes nossas dores, apresenta a teu Filho Jesus as angústias de todos os enfermos.

Pede por aqueles que lutam contra o câncer, para que encontrem forças na fé, na ciência e no apoio das pessoas a seu redor. Intercede por aqueles que sofrem com a depressão e outros transtornos emocionais, para que sejam libertos das trevas da tristeza e sintam novamente a alegria de viver, sustentados pelo amor de Deus.

Lembra-nos, ó Mãe da Luz, que Jesus é o Médico Divino, capaz de curar tanto o corpo quanto a alma. Ele tocou os doentes e os curou, acolheu os aflitos e lhes devolveu a esperança. Que a chama de tua candeia nos ajude a enxergar a presença de Deus mesmo em meio às adversidades, lembrando que o sofrimento pode ser transformado em fonte de graça e que a saúde verdadeira vai além do corpo, alcançando a paz espiritual.

Nossa Senhora das Candeias, Mãe misericordiosa, ilumina com tua luz curativa os enfermos, os abatidos e os cansados. Fortalece-nos na fé em Deus e na confiança de que Ele sempre cuida de nós. Ajuda-nos a aceitar os desafios com esperança, sabendo que em Cristo encontraremos a força para superar tudo. E que, sob tua intercessão, possamos viver a saúde do corpo e da alma, testemunhando a luz do amor divino em nossa vida. Amém.

Nossa Senhora das Candeias, Mãe da Luz, roga por nós!

4. Oração final (p. 11)

3º Dia

Nossa Senhora das Candeias, ilumina nossas decisões

1. Oração inicial (p. 9)

2. Palavra de Deus (Lc 2,33-35)

Seu pai e sua mãe estavam maravilhados com as coisas que dele se diziam. Simeão os abençoou e disse a Maria, sua mãe: "Este menino vai causar a queda e a elevação de muitos em Israel; ele será um sinal de contradição; a ti própria, uma espada te traspassará a alma, para que se revelem os pensamentos de muitos corações".

– Palavra da Salvação.

3. Reflexão

Tomar decisões é uma das responsabilidades mais desafiadoras da vida. A cada escolha, traçamos o rumo de nosso caminho e, muitas vezes, precisamos lidar com incertezas, dúvidas e receios. Nesses momentos, confiar na luz divina é essencial para discernir o que é certo, justo e conforme a vontade de Deus.

Nossa Senhora das Candeias, que traz em suas mãos a Luz que nunca se apaga – Jesus Cristo –, é modelo de confiança e entrega à vontade divina. Quando foi chamada a dizer "sim" ao plano de Deus, Maria não hesitou, pois sua vida estava inteiramente iluminada pela graça e pela presença do Espírito Santo. Assim como ela confiou plenamente no Senhor, podemos pedir que sua luz nos ajude a discernir o caminho certo a seguir em nossas escolhas diárias.

A Sabedoria, que é um dos dons do Espírito Santo, orienta-nos a olhar além das aparências e a enxergar com os olhos da fé. Quantas vezes nos deparamos com escolhas difíceis e ficamos divididos entre o que desejamos e o que é verdadeiramente correto? São nesses momentos que a luz de Deus, simbolizada pela chama de Nossa Senhora das Candeias, torna-se indispensável.

Pedir a luz do Espírito Santo é reconhecer que sozinhos somos limitados, mas com Deus podemos tomar decisões que conduzem à vida plena. O Espírito Santo nos concede o dom do Conselho, para que saibamos ouvir a voz de Deus e discernir o caminho a seguir; o dom da Fortaleza, para que perseveremos diante dos desafios; e o dom da Ciência, para que compreendamos os desígnios divinos em nossa vida.

Que nossas decisões sejam iluminadas por essa luz que nunca se apaga, conduzindo-nos para escolhas que promovam a paz, a justiça e o amor. Que nossas dúvidas sejam dissipadas, nossa mente seja esclarecida e nosso coração seja fortalecido. Nossa Senhora das Candeias, modelo de confiança e sabedoria, intercede por nós junto a teu Filho, para que o Espírito Santo ilumine cada uma de nossas escolhas.

Virgem Maria, Senhora das Candeias, toma nossas mãos e guia-nos no caminho da luz. Intercede junto a Deus para que possamos decidir com sabedoria, coragem e discernimento, sempre em conformidade com a vontade divina. Que tua luz afaste as sombras da dúvida e nos conduza a viver na plenitude do amor e da paz, que vêm do Senhor. Amém.

Nossa Senhora das Candeias, Mãe da Luz, roga por nós!

4. Oração final (p. 11)

4º Dia

Nossa Senhora das Candeias, ilumina nossa fé e nossa esperança

1. Oração inicial (p. 9)

2. Palavra de Deus (Lc 2,36-40)

Havia lá também uma profetiza chamada Ana, filha de Fanuel, da tribo de Aser. Era de idade muito avançada. Após a virgindade, vivera sete anos com seu marido, ficou viúva e atingiu a idade de oitenta e quatro anos. Não se apartava do templo, servindo a Deus noite e dia, com jejuns e orações. Chegando naquela mesma hora, ela se pôs a bendizer a Deus e a falar do menino a todos os que esperavam a libertação de Jerusalém. Depois de haverem cumprido todas as prescrições da lei do Senhor, voltaram para a Galileia, a sua cidade de Nazaré. O menino, entretanto, ia crescendo e se fortificava, enchendo-se de sabedoria. E a graça de Deus estava sobre ele.

– Palavra da Salvação.

3. Reflexão

A vida é repleta de desafios que, por vezes, colocam à prova nossa fé e nossa esperança. Há momentos em que a dor parece maior do que podemos suportar e o desespero tenta apagar a chama que nos mantém firmes. Porém, justamente nessas horas, a fé e a esperança se tornam âncoras, sustentando-nos no amor de Deus e na certeza de que nunca estamos sozinhos.

Nossa Senhora das Candeias é a Mãe que carrega a Luz, a chama que ilumina os corações abatidos e os passos incertos de quem atravessa os vales escuros da vida. Em sua história, Maria também enfrentou momentos de dor e incerteza: o exílio no Egito, a angústia ao perder Jesus no templo e a imensa dor ao acompanhá-lo até a cruz. Ainda assim, ela permaneceu firme, confiante na promessa de Deus.

Quando nossa caminhada é habitada pelo sofrimento, a fé nos convida a olhar além das circunstâncias imediatas e a confiar no plano divino, mesmo que não o compreendamos por completo. A esperança, por sua vez, lembra-nos de que Deus é fiel e que suas promessas jamais falham. Ele não nos abandona, mesmo nos momentos de maior escuridão.

A luz de Nossa Senhora das Candeias é um símbolo dessa confiança e dessa perseverança. Assim como a pequena chama de uma candeia é suficiente para iluminar uma noite escura, também nossa fé, mesmo que pareça pequena ou frágil, pode sustentar-nos nos dias difíceis. Maria nos ensina a entregar nossas dores e incertezas a Deus, confiando que Ele transforma nossas lágrimas em sementes de esperança e nossas lutas em caminhos de vitória.

Neste dia de novena, renovemos nosso compromisso de confiar em Cristo, mesmo quando tudo parece perdido. Que Maria interceda por nós, para que sejamos fortalecidos em nossas provações e testemunhemos, com coragem, que a vitória vem daquele que nunca nos abandona.

Virgem Maria, Senhora das Candeias, ilumina nossa fé e nossa esperança, para que possamos perseverar confiantes no amor de Cristo, mesmo em meio às dores e às adversidades. Intercede por nós, Mãe querida, e conduze-nos sempre para a luz de teu Filho, nossa única e verdadeira salvação. Amém.

Nossa Senhora das Candeias, Mãe da Luz, roga por nós!

4. Oração final (p. 11)

5º Dia

Nossa Senhora das Candeias, ilumina os que sofrem

1. Oração inicial (p. 9)

2. Palavra de Deus (Lc 23,27-29.32-34)

Seguia Jesus grande multidão de povo e de mulheres, as quais batiam no peito e o lamentavam. Voltando-se para elas, disse Jesus: "Filhas de Jerusalém, não choreis por mim, mas chorai por vós mesmas e por vossos filhos, porque virão dias em que se há de dizer: 'Felizes as estéreis e felizes as entranhas que não geraram e os seios que não amamentaram!'" Levaram para ser executados junto com ele outros dois, que eram malfeitores. Quando chegaram ao lugar chamado o Crânio, ali o crucificaram, como também aos malfeitores, um à direita e outro à esquerda. Jesus dizia: "Pai, perdoai-lhes, porque não sabem o que fazem".

– Palavra da Salvação.

3. Reflexão

O sofrimento é uma realidade que toca a humanidade de inúmeras formas: há aqueles que enfrentam o frio das ruas, sem um lar para chamar de seu; outros que carregam o peso da solidão dentro das grades de uma prisão; e tantos outros que vivem as dores da alma e do corpo em silêncio. Diante dessa realidade, somos chamados a sermos instrumentos da luz de Deus, levando esperança, conforto e compaixão a quem mais precisa.

Nossa Senhora das Candeias, com sua chama luminosa, inspira-nos a enxergar os sofredores como nossos irmãos, dignos de amor, respeito e cuidado. Ela nos convida a sermos portadores dessa luz, refletindo o amor de Cristo por meio de gestos concretos de caridade. Como discípulos, somos chamados a acolher os marginalizados, ouvir os aflitos, alimentar os famintos, vestir os que sentem frio e oferecer palavras de consolo aos que perderam a esperança.

O cuidado com as pessoas em situação de rua é uma das formas mais urgentes de manifestar essa luz. É preciso mais do que doar bens materiais; é necessário oferecer atenção, ouvir suas histórias e respeitar sua dignidade. Do mesmo modo, visitar os encarcerados é um ato de misericórdia que reflete o próprio ensinamento de Jesus: "Estive preso e fostes me visitar" (Mt 25,36). Não estamos ali para julgarmos, mas para sermos sinais da presença divina que transforma e renova.

Há também os doentes, os idosos abandonados, as crianças órfãs e as famílias em situação de vulnerabilidade. Cada gesto de compaixão e cuidado, por menor que pareça, é uma fagulha da luz divina que aquece os corações e transforma a dura realidade. Nesses gestos, levamos a presença de Cristo aos que sofrem e fortalecemos nossa própria caminhada de fé.

Neste dia de novena, renovemos nosso compromisso de sermos luz para os que estão na escuridão do sofrimento. Virgem Maria, Senhora das Candeias, intercede por nós e por todos os que sofrem. Ajuda-nos a sermos instrumentos da luz de teu Filho, levando conforto, compaixão e esperança a quem mais necessita. Que, sob tua intercessão, possamos iluminar o mundo com o amor de Deus. Amém.

Nossa Senhora das Candeias, Mãe da Luz, roga por nós!

4. Oração final (p. 11)

6º Dia

Nossa Senhora das Candeias, ilumina nossas comunidades

1. Oração inicial (p. 9)

2. Palavra de Deus (Jo 19,25-30)

Junto à cruz de Jesus estavam de pé sua mãe, a irmã de sua mãe, Maria, mulher de Cléofas, e Maria Madalena. Jesus, vendo sua mãe e, perto dela o discípulo que amava, disse a sua mãe: "Mulher, eis aí teu filho". Depois disse ao discípulo: "Eis aí tua mãe". E, desta hora em diante, o discípulo acolheu-a em sua casa. Em seguida, sabendo Jesus que tudo estava consumado, para se cumprir plenamente a Escritura, disse: "Tenho sede". Havia ali um vaso cheio de vinagre. Embeberam de vinagre uma esponja e, fixando-a em uma vara de hissopo, chegaram-lha à boca. Havendo Jesus tomado o vinagre, disse: “Tudo está consumado”. Inclinou a cabeça e entregou o espírito.

– Palavra da Salvação.

3. Reflexão

A vida em comunidade é um chamado de Deus para que vivamos em união, partilhando nossos dons e cuidando uns dos outros. Nossas comunidades são espaços onde o amor de Cristo pode se manifestar por meio da convivência harmoniosa, do apoio mútuo e da construção de laços de solidariedade.

Sabemos, no entanto, que, muitas vezes, enfrentamos desafios que comprometem essa harmonia: conflitos entre vizinhos, falta de diálogo, egoísmo e, tragicamente, a violência, que atinge lares e ruas, ferindo a dignidade humana e destruindo relacionamentos.

Neste dia de novena, colocamos sob a luz de Nossa Senhora das Candeias o desejo de sermos comunidade unida, em que prevaleçam o respeito, a compreensão e a paz. Maria, que viveu em Nazaré, experimentou a simplicidade e a riqueza da vida comunitária. Em sua visita a Isabel, ela nos ensinou a importância de sermos vizinhos acolhedores, de estarmos atentos às necessidades uns dos outros e de construirmos pontes em vez de muros.

A violência, especialmente a doméstica, é uma ferida que clama por cura e transformação. Quantas famílias vivem na sombra do medo e do sofrimento dentro de seus próprios lares? É urgente pedir a Deus, pela intercessão de Nossa Senhora, que a chama de sua luz ilumine essas situações, dissipando as trevas do ódio e trazendo reconciliação, proteção e amor.

Uma comunidade verdadeiramente cristã é aquela que se une em oração, promove o bem comum e oferece apoio aos mais vulneráveis. É aquela que abre as portas do coração e das casas para acolher, ouvir e caminhar junto. Que possamos ser instrumentos dessa transformação, lutando contra toda forma de violência, preconceito e injustiça e promovendo uma cultura de paz e fraternidade.

Virgem Maria, Senhora das Candeias, ilumina nossas comunidades para que sejamos sinais de união e harmonia. Afasta de nossos lares e de nossas vizinhanças toda violência, especialmente a doméstica, e protege nossa família contra o mal.

Que tua luz nos inspire a vivermos o mandamento do amor e a sermos verdadeiros promotores da paz. Amém.

Nossa Senhora das Candeias, Mãe da Luz, roga por nós!

4. Oração final (p. 11)

7º Dia

Nossa Senhora das Candeias, ilumina nossos sacerdotes

1. Oração inicial (p. 9)

2. Palavra de Deus (1Jo 3,16-22)

Nisto conhecemos o amor: ele deu sua vida por nós. E nós também devemos dar nossa vida pelos irmãos. Se alguém, possuindo os bens deste mundo, vê seu irmão na necessidade e lhe fecha seu coração, como o amor de Deus permanece nele? Filhinhos, não amemos só com palavras, mas por atos e de verdade. Nisto saberemos que somos da verdade e tranquilizaremos nosso coração diante de Deus, porque, se nosso coração nos acusa, Deus é maior que nosso coração e conhece tudo. Caríssimos, se nosso coração não nos acusa, temos confiança diante de Deus e dele receberemos tudo quanto pedirmos, porque somos fiéis a seus mandamentos e fazemos o que é de seu agrado.

– Palavra do Senhor.

3. Reflexão

A missão dos sacerdotes é ser um reflexo do próprio Cristo, que veio ao mundo como servo, pastor e guia para conduzir o povo de Deus à salvação. Esses homens, escolhidos e consagrados ao serviço do Reino, assumem, dia após dia, a nobre e desafiadora tarefa de ser luz para os fiéis, de anunciar o Evangelho e de tornar presente o próprio Cristo, especialmente na Eucaristia.

O caminho, entretanto, do sacerdócio é, muitas vezes, marcado por desafios, solidão e provações. Vivendo em um mundo que tantas vezes rejeita os valores do Evangelho, sacerdotes e bispos precisam de força, coragem e perseverança para continuar firmes em sua vocação. É nesses momentos que a luz de Nossa Senhora das Candeias se faz necessária, para iluminar e guiar aqueles que dedicam sua vida a Deus e à Igreja.

Maria, a Mãe dos sacerdotes, esteve sempre ao lado de Jesus, o Sumo Sacerdote, em todos os momentos de sua missão terrena. Desde o nascimento em Belém até o Calvário, sua presença foi sinal de conforto, coragem e fidelidade. Assim como ela acompanhou Cristo, pedimos que acompanhe hoje cada sacerdote, bispo e ministro da Igreja, fortalecendo-os para que perseverem no chamado que receberam.

Neste dia de novena, rezemos pelos sacerdotes, para que sejam instrumentos de luz e graça, levando o amor de Deus a todos os corações. Que não desanimem diante das dificuldades, mas encontrem em Maria um modelo de entrega e serviço. Que sua vocação seja renovada diariamente e que eles sejam pastores segundo o coração de Cristo, conduzindo o rebanho com zelo e dedicação.

Virgem Maria, Senhora das Candeias, ilumina os caminhos de nossos sacerdotes e intercede por eles, para que sejam sempre fiéis ao chamado de teu Filho. Que tua luz os guie em suas missões, console-os em suas dificuldades e os renove em sua vocação, para que possam ser, para o mundo, sinais vivos da presença de Cristo. Amém.

Nossa Senhora das Candeias, Mãe da Luz, roga por nós!

4. Oração final (p. 11)

8º Dia

Nossa Senhora das Candeias, ilumina nossos trabalhos

1. Oração inicial (p. 9)

2. Palavra de Deus (Jo 2,1-9.11)

Houve uma festa de casamento em Caná da Galileia e lá se encontrava a mãe de Jesus. Também Jesus foi convidado para a festa junto com seus discípulos. Faltando o vinho, a mãe de Jesus lhe disse: "Eles não têm mais vinho". Respondeu-lhe Jesus: "Mulher, que importa isso a mim e a ti? Minha hora ainda não chegou". Sua mãe disse aos serventes: "Fazei tudo o que ele vos disser". Havia lá seis talhas de pedra, destinadas às purificações dos judeus. Cada uma delas podia conter cerca de dois ou três barris. Disse Jesus aos serventes: "Enchei de água as talhas". Eles as encheram até a boca. Disse-lhes então: "Tirai agora e levai ao mestre-sala". Eles levaram. O mestre-sala provou a água transformada em vinho e não sabia donde viera aquele vinho, embora o soubessem os serventes que haviam tirado a água. Desse modo iniciou Jesus, em Caná da Galileia, seus sinais. Manifestou sua glória, e seus discípulos começaram a crer nele.

– Palavra da Salvação.

3. Reflexão

O trabalho é uma bênção dada por Deus, um meio de dignificar a vida humana e contribuir para o bem-estar das famílias e da sociedade. No entanto nem sempre essa realidade reflete a plenitude do propósito divino. Muitos enfrentam o desafio do desemprego, lutando diariamente para encontrar sustento e dignidade. Outros sofrem com a exploração no ambiente de trabalho, submetidos a condições desumanas ou injustas.

Neste penúltimo dia de novena, elevemos nossas preces a Nossa Senhora das Candeias, pedindo que sua luz ilumine os caminhos daqueles que buscam emprego. Que as portas se abram para essas pessoas, trazendo oportunidades que dignifiquem sua vida e lhes permitam sustentar sua família com honestidade e alegria. Pedimos também pelos trabalhadores que enfrentam a exploração, para que sejam fortalecidos em sua luta por justiça e respeito.

Nossa Senhora é modelo de trabalho silencioso e dedicado. Em Nazaré, ela viveu a simplicidade do lar e acompanhou São José em sua labuta diária, enquanto educava e cuidava de Jesus. Que seu exemplo nos inspire a trabalhar com amor, responsabilidade e zelo, reconhecendo o valor do esforço humano e a dignidade de cada profissão.

Roguemos também pelos empregadores, para que vejam em seus funcionários não apenas mãos que produzem, mas pessoas que merecem ser tratadas com justiça e respeito. Que os ambientes de trabalho sejam espaços de cooperação e crescimento mútuo, onde a luz de Deus se manifeste por meio de relações harmoniosas e solidárias, sem exploração.

Virgem Maria, Senhora das Candeias, intercede por todos os trabalhadores e pelos desempregados. Ilumina nossos trabalhos para que possamos vivê-los como vocação e meio de santificação. Ajuda-nos a transformar o mundo pelo esforço honesto e perseverante, promovendo a justiça e a dignidade para todos. Amém.

Nossa Senhora das Candeias, Mãe da Luz, roga por nós!

4. Oração final (p. 11)

9º Dia

Nossa Senhora das Candeias, ilumina o mundo com a luz de Cristo

1. Oração inicial (p. 9)

2. Palavra de Deus (Lc 24,13-16.28-31)

Dois discípulos caminhavam para uma aldeia chamada Emaús, distante de Jerusalém sessenta estádios. Iam conversando entre si a respeito de tudo o que havia acontecido. Enquanto conversavam e discutiam juntos, Jesus em pessoa aproximou-se e foi caminhando com eles. Mas seus olhos estavam impedidos de reconhecê-lo. Ao chegarem perto da aldeia para onde iam, Jesus deu a entender que ia para mais longe. Mas insistiram com ele, dizendo: "Fica conosco, porque já é tarde e o dia já se acaba". Ele entrou para ficar com eles. Estando à mesa com eles, tomou o pão, pronunciou a bênção e, depois de o partir, deu-o a eles. Nesse momento, os olhos deles se abriram e o reconheceram; mas ele desapareceu de sua vista.

– Palavra da Salvação

3. Reflexão

Vivemos tempos marcados por conflitos, desastres e descuido com a criação de Deus, que nos foi confiada como um bem sagrado. As guerras, que destroem nações e dilaceram famílias, são feridas profundas na humanidade, que só podem ser curadas pela verdadeira paz, que vem de Cristo. Da mesma forma, o sofrimento dos refugiados, forçados a abandonar tudo em busca de segurança, exige de nós um coração acolhedor e mãos generosas para reconstruir vidas com dignidade.

Neste último dia de nossa novena, pedimos a intercessão de Nossa Senhora das Candeias para que a luz de Cristo brilhe sobre as trevas do mundo. Que sua intercessão alcance os governantes das nações, para que cessem os conflitos e trabalhem unidos pela promoção da paz e da solidariedade entre os povos. Que o amor ao próximo seja maior do que as barreiras culturais, políticas ou econômicas e que os refugiados sejam recebidos como irmãos, com acolhida justa e respeito a sua dignidade.

Voltemos nosso olhar também para os países afetados por desastres naturais, cujas populações enfrentam dor, perdas e incertezas. Que a luz de Nossa Senhora ilumine essas regiões, levando alívio e força para reconstruir. Roguemos ainda por uma maior conscientização global sobre o cuidado com o meio ambiente. A poluição, o desmatamento e o uso irresponsável dos recursos naturais são sinais de que a humanidade precisa reavivar seu compromisso com a criação. É necessário agir com urgência, respeitando a Terra como um presente divino, que deve ser preservado para as gerações futuras.

Maria, como Mãe de Cristo, é também Mãe da Paz e da Esperança. Seu coração materno abraça toda a humanidade, especialmente os que sofrem; sob sua intercessão, renovemos nossa fé na transformação do mundo pela luz do Evangelho. Que a luz de Cristo, refletida por Nossa Senhora das Candeias, inspire nossos passos para que sejamos agentes da paz, defensores da justiça e guardiões da criação divina.

Virgem Maria, Senhora das Candeias, ilumina o mundo com a luz de Cristo. Intercede junto ao Pai para que cessem as guerras, para que as nações sejam promotoras da paz e da solidariedade e os refugiados encontrem acolhida e dignidade. Roga também pelos países que sofrem com desastres naturais e pela conscientização de todos para cuidar de nossa casa comum. Que, por tua luz maternal, sejamos instrumentos do amor e da transformação de Deus. Amém.

Nossa Senhora das Candeias, Mãe da Luz, roga por nós!

4. Oração final (p. 11)

Índice